Landschaft und Alltag

Haiku
aus dem Thurgau

Burkhard Genser

Landschaft und Alltag

Haiku
aus dem Thurgau

2021

Bibliografische Information der Deutschen National-
bibliothek: Die Deutsche Nationalbibliothek ver-
zeichnet diese Publikation in der Deutschen National-
bibliografie; detaillierte bibliografische Daten sind im
Internet über dnb.dnb.de abrufbar.

Herstellung und Verlag:
BoD – Books on Demand, Norderstedt

ISBN: 978 3 7543 4869 7

Inhalt

Einladung

So schön der Thurgau:*
Hügel, Äcker, Wiesen, Wald,
fleissige Menschen.

Drei Zeilen fassen*
eine Szene, ein Empfinden,
eine Geschichte.

Siebzehn Silben,*
Rhythmus und Zuneigung,
etwas Verblüffung.

Im Dorf: Familien,*
Schule, Gewerbe, Landwirtschaft,
Volg und Kirche.

Vater und Kinder
lachen auf der Bank im Park,
alleinerziehend.

Radfahren und
Silbenzählen —
doppeltes Vergnügen.

Auch Männer wollen
Kaffee kochen können –
mit der Maschine.

Kunst: Mir die Zeit so zu
vertreiben, dass ich meine, ich
hätte sie genutzt.

Erfahrene Landschaft

Frühling

Neben kahlen Bäumen
leuchtet die hohe Weide
hoffnungsvoll grün.

Osterspaziergang*
am freien Bach; morgen
ist auch Feiertag.

Eine Eidechse
auf der Sonnenuhr
liest die Zeit nicht ab.

Unbeschreiblich weiss
blühen die Kirschbäume;
wir suchen Worte dafür.

Kirschblüten und
Birnblüten wetteifern
nicht.

Kirschblüten am
Strassenrand; auch Autofahrer
erleben sie.

Kirschblüten in
mondloser Nacht warten auf
den Sonnenaufgang.

Weisse Pracht des Kirschbaums;
am blauen Himmel
Kondensstreifen.

Blühendes Land
vor schneebedeckten Bergen;
die Felder sind bestellt.

Blühende Bäume
am See sind einfach schön,
auch bei Gegenwind.

Birnbäume blühen
eifrig in der Anlage,
ebenso Löwenzahn.

Unter'm blühenden
Birnbaum Kühe mit
ihren Kälbern.

Löwenzahn und Raps
messen sich in Gelb, ohne
und mit Subvention.

Wildwiese mit Kühen,
Milchleistung vermindert;
dem Landwirt sei Dank.

Alte Bauernhäuser
von Städtern gekauft, saniert
und verschönert.

Freie Landschaft;
bei Sonnenschein Kühe unter der
Hochspannungsleitung.

Weiden am Bach;
hinter der Biegung
die Unendlichkeit.

Adrette Häuser;
sind hinter den Gardinen
Menschen ?

Autobahnen teilen
das Land. Die Grünbrücke
erinnert daran.

Die Sonne
konkurriert mit dem Raps;
eine Wolke schiebt sich vor.

Überall Häuser;
dazwischen Landschaft
und lebende Kühe.

Der Laubbläsermann
macht sauber; Dreck stört
die öffentliche Ruhe.

Kastanienblüten
recken sich, berühren
Himmel und Seele.

Mächtig blühen die
Kastanien am Wegrand —
erhaben weiss.

Die wilden Wiesen
blühen; jedes Kraut
findet seinen Platz.

Der liebe Mai hat*
alles wieder grün gemacht;
mein Herz wird weit.

Weiss und absichtslos
blühen Holunderbüsche
überall im Land.

Mais spriesst grossflächig;
man weiss nicht, ob er zu Sprit
verarbeitet wird.

Grosse Traktoren
arbeiten schnell und schonend
für unser Essen.

Riegelhaus trefflich
restauriert, altes Rot-Weiss;
kein Parkplatz davor.

Sommer

Schon ist gelb
das Gerstenfeld;
bald wird die Frucht geerntet.

Nach dem Hagelsturm
sind die Netze weiss und schwer;
die Ernte wird gut.

Aus Weiss ist Rot geworden,
wenn die Kirschbäume
Früchte tragen.

Weizenhalme stehen
wie Soldaten — sie sichern
die Ernährung.

Am Rand des Kornfelds
blüht Mohn, wächst Gras;
sonst ist es unkrautfrei.

Sonne. Viele Fahrer
auf dem Radweg; in der
Pause ein Eis am Stiel.

Rosenhecke blüht
vor altem Sommerhaus am See;
den Wanderer freut's.

Viel gelaufen,
viel erlebt — vor der Heimfahrt
im Bahnhof ein Bier.

Überall blühen
Rosen, gelbe, rote, weisse,
allüberall.

Wenn du richtig stehst,
schauen alle dich an —
alle Sonnenblumen.

Mit Tempo erntet
der Landwirt die Frucht
mit dem Mähdrescher.

Riesige Felder
mit Erdbeeren; kundige
Pflücker bergen sie.

Ohne Erntehelfer
kommt der Salat nicht auf
meinen Teller.

Täglich erklärt der
Wetterbericht, warum wieder
kein Regen kommt.

Ungetümer Traktor
saust über die Wiese;
die Kuh frisst weiter.

Du sitzt auf der
Terrasse und lässt dich gerne
vom See bezwingen.

Vor des See's Weite
ist Menschenwerk
immer noch klein.

Der See – für Paare
nur Kulisse; man ist
sich zugetan.

Du bist am Ufer,
und deine Gedanken legen ab —
steig' zu !

Überall Säntis —
schöne Zutat, das Leben
findet unten statt.

Eine Bank am Radweg;
ich steige ab,
um Haiku zu notieren.

Pünktliche SBB –
die Anschlüsse klappen,
ich kann vertrauen.

Die Landschaft nicht unberührt —
Menschen überlebten
mit sehr viel Arbeit.

In jedem Dorf
Industrieproduktion,
die allerneueste.

Käsereien in Backstein — *
die Berner kamen
in den Thurgau.

Zwei Mütter schieben
Kinderwagen; Zeit für den
Nachwuchs und für sich.

Auf der Kuppe die
Schule, unverstellter Blick
für die Jugend.

Herbst

Rind und Mensch leben
vom Land und ernähren
sich gegenseitig.

Aus dem Augustinerkloster*
in die Schulen und
ins Fernsehen.

Altes Geld am See;
Putz bröckelt,
neues Geld fehlt.

In voller Sonne
ernten Landwirt und Helfer
marktreife Äpfel.

Auf vielen Wiesen*
stehen Apfelhochstämme
für indischen Most.

Netze schützen Beeren,
Kirschen, Äpfel;
die Landschaft verschwindet.

Segel auf dem Bodensee;
wenn Wind weht, haben
Segler freie Zeit.

Ungezählte Segel —
undeutbare Zeichen vor
Ufer und Himmel.

Ich sehe Einzelgänger
und Kinder mit Eltern;
ein Schiff legt ab.

Rundum bin ich
umgeben von Himmelsblau,
unendliche Schönheit.

Am Rhein in der Sonne
sitzen — Gespräch und
Gedanken strömen.

Auf dem Balkon
flattert Unterwäsche
in der Oktobersonne.

Zwei schwarze Schäfchen
bei den Müttern auf der Wiese,
neu geboren.

Richtig goldet der
Oktober nur, wenn du das
Licht im Rücken hast.

Rosa noch blühen
Rosen im November
zu meiner Freude.

Wind, grauer Himmel,
die Sonne bricht durch;
draussen im Licht ein Segler.

Auf der Wiese am
Betonwerk bimmeln Kühe
und fressen fleissig.

Das Mostobst muss
aufgelesen werden; man
hört die Maschine.

Die Apfelbäume
sind umgelegt; es wird in
neue investiert.

Recycling-gerecht:
bewohnbares Mietshaus
wird rückgebaut.

Winter

Auf grüner Wiese
im Winterlicht
ein munterer Storch.

In vielen Gärten
elektrische Weihnachten –
mit Ökostrom ?

Es friert, blauer Himmel;
mit dem Rad in die Uni,
ein glücklicher Tag.

Schnee auf Solarfeldern;
da erntet
der Landwirt nichts.

Im Nebel bin ich
abgelöst von aller Welt;
wo ist die Landschaft ?

Die Schafe kommen
zum Zaun; der Schäfer bringt
ihnen ihr Futter.

Weisse Flächen,
in der Ferne Menschen;
Spuren führen zu ihnen.

Hinter dem Panoramafenster
den Schnee betrachten,
zentralbeheizt.

Bis Mittag tiefgrau;
dann spitzes Licht und
aufgeräumter Himmel.

Mutiger Hasel,
scheue Cornellkirsche:
Boten des Frühlings.

Die Wintersaat spriesst;
grün schimmern Äcker in der
Februar-Sonne.

Alltag
draussen und drinnen

Frühling

Nach sechs Alltagen*
kann ich mich am Sonntag
freuen.

Im Park: Männer spazieren
mit Frauen, Kindern, Hunden;
alle Parkplätze besetzt.

Zwei Männer essen Kuchen;
sie diskutieren über
die Welt und Gott.

Im Frühling zeigen
die Menschen wieder Haut,
je wärmer, je lieber.

Mutter mit drei Kleinen
in der Schlange; der Grosse
trägt das Portemonnaie.

Bei der Präsentation
geht der Beamer kaputt;
die Sonne scheint herein.

Halte meinen Text
gedruckt in Händen;
Papier stürzt nicht ab.

Schwalbenbrut unter dem Dach;
sie erzählen sich viel,
die Eltern eilen.

Sommer

Am Samstagnachmittag
hören wir die Nachbarn mit
dem Rasenmäher.

Mehr sehe ich Alte
und Arme, schaue gerne
in Kinderwagen.

Junge, mittelalte,
alte Frauen vor der Kasse,
der Lauf des Lebens.

Allein schiebt Grossvater
den Kleinen, mit Freude
und Vorsicht.

Die Spülmaschine
wieder falsch beladen,
sie kann es besser.

Wikipedia
ist sofortiger Helfer
in fast aller Not.

Mutter hält ihr Kind
auf dem Schoss, ohne
Handy in der Hand.

Mir sonnenwarme Feigen
in den Mund stecken,
ungekannt süss.

Einen Café crème
trinken im Café,
dazu gratis die Leute.

Dankbar lese ich
auf dem Kontoauszug den
Eingang der Rente.

Kita-Kinder im
Einkaufszentrum, Anleitung für
die neue Wildnis.

Mit Geigen schweigen,
auf Mauern lauern und mit
Bilanzen tanzen.

Nachts steht er zuverlässig
vor meiner Türe,
der grosse Wagen.

Herbst

Vater fährt
im Sonnenschein seine Drillinge
zur Kinderkrippe.

Mein Leben findet statt:
meine Produktionen
zeigen es mir.

Der Apfelsegen
muss verarbeitet werden
zu süssem Gelee.

Eiskaffee auf der Piazza
im Einkaufszentrum –
Charme von gestern.

Montagnachmittag:
zwei Väter spazieren
mit vier kleinen Kindern.

Frau schiebt Frau über
den Markt spazieren,
beide schlecken Eis.

Schwarzgrauer Himmel,
wieder eine Etappe
geschafft am Schreibtisch.

Neben dem Bett der
Notizblock: Licht an und sofort
die Zeilen sichern.

Täglich Sudoku:
nichts als neun mal neun Zahlen !
Ich kann's nicht immer.

Der Schlag der Pendeluhr
heisst jede Stunde
willkommen.

Mit dem Aerosol
fliegt das Virus
von Mund zu Mund.

Wir sind gehorsam
und hoffen, dass wir keine
Symptome kriegen.

In Läden und in Kirchen:
alle mit Maske,
alle machen mit.

Beschränkungen und
Ängste gut bestanden; nur
mancher Verzicht fiel leicht.

Die Blätter von
Nachbars Nussbaum liegen hoch,
unverschämtes Gelb.

Neun Knirpse, drei Frauen,
ein Hund – die Kita
überquert die Strasse.

Das Nachbarskindchen
wird spazieren gefahren,
ich grüsse herzlich.

Winter

Im Edeka ist
Betrieb wie im Hauptbahnhof —
am Tag vor Weihnachten.

Paare schieben
turmhoch bepackte Wagen,
reden miteinander.

Mutters Rezepte
befolgen wir gerne
beim Weihnachtsessen.

Bunt glänzen Lichter,
die Stimmung wird gelöst,
Friede kommt ins Herz.

Im Regen viele Pfützen;
die Kinder springen
in jede.

Schwarze Zähne, rote Nase:
vergnügt sind Schneemann,
Kinder und Vater.

Im Coop-City: für
Alleinstehende
Abendessen mit Zeitung.

Beim Dorfbäcker
Fettgebackenes und
die Fastnachtszeitung.

Die Sonne wärmt schon;
wir sitzen im Garten und
trinken Kaffee.

Lauf des Lebens

Meine Gedanken*
sind frei, ich kann sie erraten,
ich lasse sie fliehen.

Gedanken – als Haiku
formuliert – dürfen
überraschen.

Ich spare wie mein
Vater; seine Predigten
habe ich gehasst.

Auf den Vater bin
ich stolz — er wurde erschüttert
und brach nicht.

Lass' die Augenbraue
unten — denke lieber:
es ist nicht bös' gemeint.

Kommunizieren
heisst Abstriche machen; oft
ist das ein Gewinn.

Worte finden,
die einladen,
mich zu erinnern.

Bin ein dankbarer
Rentner; habe Zeit, neu mich
kennenzulernen.

Im Alter bleibt man
meist in Blick- und Hörweite
des Partners.

Die Lasten des Alters
milden Spottes auf sich
nehmen – unverzagt.

Leid wird getragen
und verhüllt; es soll
erahnt werden.

Vieles geht verloren;
erst dann lernt man es schätzen,
das nackte Leben.

Wunsch: Dass die Menschen*
in ihrem Streben nach Glück
auch mal Erfolg haben.

Ich muss mich in Worte
fassen — in Worten
fasse ich mich.

Ich habe schöne
Erinnerungen, hole
sie selten hervor.

Es könnte schlimmer sein —
ein fader Trost,
aber verlässlich.

Ich komme nicht zur Ruhe —
dagegen tue ich
nichts.

Sinn ist, wenn ich
eine Erklärung finde,
die mir einleuchtet.

Sinn des Lebens ?
Halte durch, sei mutig,
nimm deinen Lohn.

Viel gemacht und erlebt,
die Fasson behalten;
ich bin erleichtert und dankbar.

Rüstig durch's Jahr
gesegelt, stets
den Heimathafen erreicht.

Ab siebzig kann es
jederzeit kommen,
das Gefühl, alt zu sein.

Alles geht langsamer,
ausser:
ich ermüde schneller.

Fest steht:
das Leben geht weiter,
bis es endet.

Die Rente und das Leben
sind sicher,
daran halte ich fest.

Auch wenn Zacken fehlen,
meine Krone setz' ich
jeden Tag mir auf.

Wenn dich wer kränkt,
nimm's sportlich,
bleib' in deiner Liga.

Schweigen ist Silber,
Reden ist Gold —
oder doch umgekehrt ?

Bei ernstem Verlust:
nimm den langen Weg,
erst trotzen, dann trauern.

Vorgestellte
Unglücke können schaden, auch
wenn sie ausbleiben.

Flecken hat
die weisse Weste,
ich muss sie tragen.

Was ich vermisse,
suche ich; mit dem Finden
hab' ich es nicht eilig.

Meide ironiefreie
Zonen — ein bisschen
Spott macht's erträglich.

Ein Fest braucht schöne
Geschichten — vorher
und nachher.

Die Gewohnheiten
hofft man zu halten bis zum
Ende, die guten.

Im Porzellanladen
fühlt ein Elefant
sich selten wohl.

Vergangenheit gibt Halt,
wenn man am Wandel leidet —
manchmal zuviel.

Lass' uns abtakeln;
mit dem Bötchen können wir
noch raus in die Bucht.

Den Menschen noch
sehen, auch wenn fast nichts mehr
zu sehen ist.

Zeit haben für noch
unerzählte Geschichten,
neue und alte.

Durch die Stadt, über
den Markt zieht das Brautpaar;
die Menschen lächeln.

Nach dem Jawort die
Hochzeitsgesellschaft im Park –
Glückwünsche, Fotos.

Was wir dieses Jahr
erleben, verändert
das nächste.

Schöne Geschichten
liefert jeder Tag,
erzähle sie dir.

Gib Rechte auf, wenn
du sie nicht erreichen kannst.
Vergeben macht frei.

Wer Dankbarkeit
empfindet, kann nicht
unzufrieden sein.

Im Krieg geboren;
Heimat im Thurgau gefunden,
ich möchte bleiben.

Gute Wünsche sind
eine Redensart, aber
eine freundliche.

Nachworte

Klaus Merz las Haiku,*
mir eine Offenbarung;
seither ist kein Halten.

Japanische Dreizeiler*
sind Vorbild und Anreiz
auf dem ganzen Globus.

Was deine Sinne
dir zeigen von deiner Welt,
passt in drei Zeilen.

Eine Szene und
ein Beobachter, der sein
Empfinden dazutut.

Haiku verfertigen:*
wahrnehmen, mich spüren, die
paar Worte finden.

Erinnerungen
und Gedanken werden in
Worten wahrnehmbar.

Sinnspruch in drei Zeilen,
da geht was rein: Verfremdung
und Zuversicht.

Ausnahmen, das weiss ich
aus der Schule, bestätigen
die Regel.

Achtundachtzig
Haiku in sechs Wochen,
du liebe Not.

Mit BoD ist's*
leicht, ein Buch herauszubringen;
noch fehlen die Leser.

Im Haus der Sprache
finde ich Zeit und
Raum und Ruhe.

Anmerkungen

S. 7. "O Thurgau, du Heimat, wie bist du so schön.
..." Thurgauerlied 1. Strophe. Erstaufführung
1855 (Thurgauer Tagblatt 14.1.2012).

S. 7, 8. Krusche, D. (Hg.) 1994. *Haiku. Japanische
Gedichte.* München dtv.

S. 8. Mit Volg werden die Dorfläden bezeichnet.
Volg ist Abkürzung von "Verband ostschweize-
rischer landwirtschaftlicher Genossenschaf-
ten".

S. 11. "Vom Eise befreit sind Strom und Bäche, durch
des Frühlings holden, belebenden Blick, ..."
Goethe, J. W. v. 1808. Faust. Eine Tragödie.

S. 23. "Komm, lieber Mai, und mache die Bäume wie-
der grün. ..." Overbeck, C.A. ca. 1781. (Wikipe-
dia *Komm, lieber Mai, und mache*).

S. 38. Der Umbau der Thurgauer Landwirtschaft zu
Gras- und Milchwirtschaft in der 2. Hälfte des
19. Jahrhunderts wurde durch Berner Sennen
unterstützt. (Keller, S. 2020. *Spuren der Arbeit.
Von der Manufaktur zur Serverfarm.* Zürich
Rotpunktverlag, S. 105, 160).

S. 40. Das 1833 gegründete Thurgauer Lehrersemi-
nar wurde später im ehemaligen Augustiner-
kloster Kreuzlingen untergebracht, das 1848
aufgelöst worden war; heute Pädagogische
Maturitätsschule Kreuzlingen (Wikipedia *Päda-
gogische Maturitätsschule Kreuzlingen*;

Wikipedia *Kurt Felix*; Alemannische Wikipedia *Henriette Engbersen*).

S. 41. Der Thurgau wird scherzhaft auch "Mostindien" genannt.

S. 55. Stolz, R. & Wenzel, U. (Hg.) 2012. *Haiku hier und heute.* München dtv. Versammelt sind Haiku vom Alltag im 21. Jahrhundert.

S. 79. "Die Gedanken sind frei, wer kann sie erraten, sie fliehen vorbei, wie nächtliche Schatten. ..." Die Gedanken sind frei, 1. Strophe; um 1780; 1842. (Wikipedia *Die Gedanken sind frei*).

S. 85. Thomas Jefferson erklärte 1776 das "Streben nach Glückseligkeit (pursuit of happiness)" als eines der "unveräusserlichen" Rechte aller Menschen. (Wikipedia *Thomas Jefferson*).

S. 103. Merz, K. 2010, 2. Auflage. *Aus dem Staub. Gedichte.* Innsbruck-Wien Haymon-Verlag. Lesung im Bodman-Haus, Gottlieben, am 16.6.2011.

S. 103. Probst, V. (Hg.) 2018. *Das Buch der klassischen Haiku. Japanische Dreizeiler.* Ditzingen Reclam.

S. 105. Kleist, H. v. 1805/06. Über die allmähliche Verfertigung der Gedanken beim Reden. (Wikipedia *Über die allmähliche Verfertigung der Gedanken beim Reden*).

S. 107. Genser, B. 2006. Menschen in der Psychiatrie. Vorträge und Aufsätze. Norderstedt BoD.
Genser, B. 2010. Nachrichten aus einer Psychiatrischen Klinik. Norderstedt BoD.

Burkhard Genser, geboren 1945, Diplomprüfung in Psychologie 1969, hat bis 2010 fast 30 Jahre als Diplom-Psychologe und Psychologischer Psychotherapeut in einer psychiatrischen Klinik gearbeitet, im Zentrum für Psychiatrie Reichenau. Er lebt seit 1971 am Bodensee, seit 1983 im Thurgau. Er ist verheiratet und Vater von vier erwachsenen Kindern.